AF596133

PÉTITION

DE LA

BOULANGERIE D'AGEN,

à

MONSIEUR LE MAIRE

De la Ville d'Agen.

Agen,
Imprimerie de J.-A. QUILLOT, place Paulin

1843.

PÉTITION

DE LA

BOULANGERIE D'AGEN,

à

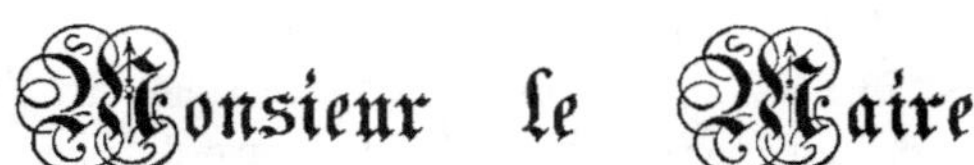

De la Ville d'Agen.

MONSIEUR LE MAIRE,

Les Boulangers de la ville d'Agen ont l'honneur de vous demander la révision de l'arrêté municipal du 16 août 1806, portant réglement de leur industrie.

Toutes ses dispositions ont cessé d'être en harmonie avec l'époque actuelle : c'est une œuvre qui a fait son temps : quarante années se seront bientôt écoulées depuis qu'elle existe, pendant lesquelles tout a changé, sauf le réglement de la Boulangerie d'Agen!

Cette immobilité a été véritablement désastreuse pour les Pétitionnaires. Depuis long-temps ils ne réalisent plus que des pertes, ils ne subissent plus que des vexations inutiles. Aussi dans des observations qu'ils adressaient, il y a peu de jours, à Monsieur le ministre du Commerce et de l'Agriculture, et qu'ils vous ont soumises, Monsieur le Maire, poussaient-ils le cri de détresse, en exposant que leurs souffrances sont devenues intolérables.

Ils n'en feront pas ici le tableau avec de vives couleurs; ils n'iront pas non plus s'appesantir sur leurs causes, parce que vous connaissez déjà l'origine et l'intensité du mal. Des chiffres et des faits seront plus éloquents que toutes les considérations possibles.

Vous ferez, Monsieur le Maire, pour les Pétitionnaires, ce que n'ont pu leur faire obtenir de longues réclamations; vous savez qu'elles ne datent point d'aujourd'hui : quand l'arrêté de 1806 devint son réglement, la Boulangerie protesta. — En 1812, en 1816, en 1825, elle protesta encore. — Depuis, ses plaintes ont été incessantes; mais les événements ont couvert sa faible voix.

Du reste, en venant au secours d'une industrie qui périt, vous ne ferez que ce que les municipalités d'un grand nombre de villes ont déjà fait : la voie est tracée; elle a été ouverte par des spécialités éclairées.

Les modifications et changements sollicités par la Boulangerie d'Agen, embrassent plusieurs points : les uns, et ce sont les principaux, se rattachent à la taxe, les autres ont trait à la classification des diverses qualités de pain, aux mercuriales et au poids. — C'est dans cet ordre que l'exposé des Pétitionnaires s'avancera; il sera terminé par deux demandes d'une nature particulière.

I.re SECTION.

TAXE.

L'arrêté de 1806 (*), après avoir mis en principe qu'un hectolitre ou setier de blé pèse 152 demi-kilogrammes $^1/_4$ (76 k. 125), et doit produire le même poids en pain de 2e qualité, alloue à la Boulangerie, à titre de bénéfice invariable et quelque soit le prix du blé, une indemnité fixe d'un franc soixante-quinze centimes par hectolitre, non compris les son et purges.

Cette indemnité dans laquelle il est juste de faire entrer un objet

(*) Voir à la fin de la pétition (document n° 1er), le texte de l'arrêté pris par M. le Maire de la ville d'Agen, le 16 août 1806.

dont l'arrêté a omis l'énonciation : le charbon provenant de la combustion du bois employé à la panification, a été improprement qualifiée bénéfice; c'est ce qu'il convient de remarquer avec soin.

Tout bénéfice suppose que tous les frais, déboursés et dépenses sont couverts; ce n'est que l'excédant qui est réellement un profit. Avec l'indemnité en argent et en nature, allouée par le réglement, et jointe au prix d'achat du blé, la Boulangerie doit donc retrouver : en première ligne, ce même prix du blé, et ensuite tous ses frais de manutention. Le reliquat, s'il y en a, constitue le bénéfice.

Pour préciser exactement le chiffre de ce reliquat, il ne faut donc point, comme semble le faire l'arrêté, le supposer représenté par l'allocation d'un franc 75 c. — On ne peut le déterminer qu'en dressant le compte des frais ou de la dépense.

Ces frais se composent d'articles très nombreux.

Les uns consistent en : 1° les frais de mouture, et spécialement les frais extraordinaires de transport à Aiguillon pendant les années de sécheresse; 2° le prix du bois; 3° celui du sel; 4° la nourriture et le salaire des ouviers, etc., etc.

Les autres, non moins nécessaires que les premiers, sont représentés par : 1° le prix de location d'une boulangerie et d'une décharge pour le bois; 2° l'intérêt de la mise de fonds indispensable pour l'achat d'un matériel, l'approvisionnement du blé, du bois, du sel, et pour le roulement des prêts et avances; 3° la détérioration du matériel; 4° les pertes et non-recouvrements, etc., etc.

Ces frais, dans leur ensemble, s'élèvent à une somme très considérable. En 1806, ils absorbaient déjà toute la valeur des résidus ou de l'indemnité en nature (sons, purges et charbon), ainsi que la plus grande partie de l'indemnité en argent (1 fr. 75 c.). De sorte qu'il ne restait au Boulanger, par hectolitre, qu'un bénéfice qui ne se portait ni à 1 fr. 50 c., ni à 1 fr. 25 c., ni même à 1 fr. Il n'atteignait que le chiffre de 66 centimes par hectolitre.

Tel est le véritable, le seul profit que le réglement accordait à la Boulangerie en 1806. Ce premier point sera bientôt prouvé jusqu'à l'évidence.

Cette confusion entre ce qui est bénéfice et ce qui ne l'est point, ne peut être cependant, dans l'arrêté de 1806, qu'une impropriété de rédaction. Il est constant que ses auteurs ont dû mesurer l'importance de la recette et de la dépense, et par conséquent du bénéfice réel. Sans cette précaution, ils se seraient exposés à accorder trop ou trop peu; ils auraient procédé au hasard et les yeux fermés. Ils savaient dès-lors, de science certaine, que l'allocation du réglement ne couvrait les frais de manutention et dépense que tels qu'ils existaient à l'époque de leur travail; ils n'avaient pris d'autre point de départ que ce *quantum* de la dépense, et ils devaient reconnaitre que dès que cette base changerait, l'allocation devrait être ultérieurement augmentée ou diminuée. Cette pensée intime des rédacteurs, ce travail préliminaire auquel ils ont dû se livrer se révèlent par ce motif si sage qu'ils ont écrit dans le préambule de leur œuvre, et qu'ils ont traduit par ces mots : PRENANT EN CONSIDÉRATION L'AUGMENTATION DU SALAIRE ET DU PRIX DES MATIÈRES NÉCESSAIRES A LA BOULANGERIE.

Pour déterminer l'allocation accordée à la Boulangerie, l'arrêté de 1806 a dû, sans aucun doute, prendre également en considération, bien qu'il ne l'ait pas exprimé, et la valeur de l'argent relativement au temps, et les perfectionnements plus ou moins avancés des produits des Pétitionnaires. Avec des bases différentes, il eût certainement accordé à la Boulangerie une allocation plus ou moins grande, proportionnée à ses charges, et réalisant toujours, en dernière analyse, un bénéfice réel et suffisant.

Or, toutes les bases de 1806 se sont déplacées, et les charges de la Boulangerie se sont accrues d'une manière effrayante.

C'est ainsi que tous les éléments qui entrent directement ou indirectement dans la panification se sont élevés progressivement jusqu'à une cherté inouie : le combustible, le salaire et la nourriture des ouvriers ont comme doublé de valeur, les loyers ont doublé, le sel triplé! Le mouvement ascensionnel qui commençait à se manifester en 1806 a pris depuis des développements immenses. Et cependant, tandis que sous l'influence de ces changements les frais grossissaient, et que le bénéfice se réduisait jusqu'à néant pour faire place au déficit, la taxe de la Boulangerie est demeurée immobile! Une espèce de préjugé a fait fermer les yeux à la lumière la plus vive.

C'est ainsi encore que l'avilissement de l'argent, alors-même que tout le reste serait demeuré au même point, a diminué, par le résultat, la valeur de l'indemnité du réglement. Cette dépréciation des signes monétaires est un fait qui a frappé tous les esprits. En 1806, le taux de l'intérêt de l'argent était encore de 10 et 12 pour cent; aujourd'hui il flotte autour de 4. — Depuis 1806, la propriété immobilière a doublé de valeur. Tout a suivi cette progression; tout, jusqu'aux choses les plus usuelles; la viande de boucherie, le prix de la main-d'œuvre, etc., etc. — Dans les professions libérales comme dans les états ou métiers les plus modestes, la récompense de tout travail s'est élevée du double. Ainsi, tandis que le médecin reçoit actuellement le double de ce qui lui était payé en 1806, le simple trailleur d'habits fait payer des façons dont tout le monde connaît le chiffre, etc., etc. — Cependant, dans l'économie sociale, tout s'enchaîne; on ne peut toucher à un point sans éprouver la nécessité de mettre les autres en rapport. Or, si le Boulanger doit payer tout ce qu'il lui faut acheter pour ses besoins et ceux de sa famille au double du prix de 1806, on ne peut le laisser avec l'allocation primitive; la récompense de son travail doit aussi être augmentée. Sinon, à mesure que toutes les positions accroissent leur bien-être et sont initiés à des jouissances nouvelles, il sera obligé, lui, non point de rester seulement stationnaire, mais de rétrograder. Bientôt tout un siècle séparerait ainsi la Boulangerie de l'actualité.

C'est ainsi que les perfectionnements introduits dans la fabrication du pain motivent, en troisième ligne, une augmentation de taxe. Le pain d'aujourd'hui est d'une qualité très supérieure à celui de 1806. Il n'est personne qui ne se souvienne de ce qu'il était à cette époque. Ces perfectionnements n'ont pas été obtenus sans entamer l'indemnité accordée à la Boulangerie; ils sont de plusieurs sortes.

Les uns consistent dans la forme des pains et leur réduction à des volumes plus petits. En 1806, on débitait généralement du pain bis de 10 kilog., ainsi que l'arrêté en fait foi. Aujourd'hui, on ne connaît plus ce pain de 10 kilog., et le pain de 5 k. et de 2 k. $^1/_2$, qu'on ne vendait qu'en très petite quantité, est devenu l'objet d'une immense consommation. Ce changement a eu pour résultat de multiplier les frais de main-d'œuvre, de nécessiter une augmentation de matériel, et surtout de diminuer le poids du rendement des fournées. Dans un four où il entrait 18 pains de 10 k., on obtenait une fabrication de 360 d.-k.; dans ce même four, avec du pain de 5 k. et de 2 k. $^1/_2$ (plus mince et infiniment plus allongé), on n'obtiendra que beaucoup moins. D'un autre côté, la diminution du volume du pain, en favorisant la cuisson, a produit une dessication plus grande, de sorte qu'il a fallu plus de pâte pour obtenir le même poids de pain.

Les autres perfectionnements ont amélioré la panification d'une manière encore plus directe. — Le pain actuel est très blanc, comparativement à celui de 1806. Pour obtenir cette blancheur, il a fallu rendre la farine plus belle et plus fine, et par suite se condamner à forcer le rendement des basses matières. Par ce moyen, la production en pain de première et de deuxième qualité a diminué. Mais comme le prix des basses matières est, par la nature même des choses, nécessairement inférieur à celui des rendements supérieurs; la Boulangerie, en perfectionnant ses produits, a diminué son indemnité. Ce point sera ultérieurement l'objet d'explications spéciales. (Pages 20 et 21.)

Telles sont les trois causes d'où découlent des pertes infinies pour les Pétitionnaires : renchérissement de tous les éléments rentrant dans la panification, avilissement de l'argent, perfectionnement de la fabrication. On ne peut en méconnaître aucune, car elles tombent sous les sens. Les deux premières, corrélatives entre elles, ont une puissance que nul effort humain ne saurait arrêter; la troisième est un véritable bien, car nos habitudes ne permettent plus d'abaisser la qualité du pain, et pourtant il faudrait le faire si la Boulangerie n'obtenait pas une complète justice. — Une augmentation de taxe est donc indispensable.

Mais quel est donc le chiffre des pertes de la Boulangerie? A combien s'élève l'augmentation de taxe qu'elle réclame?

Le chiffre des pertes! Les Pétitionnaires en dresseront bientôt le bilan avec la sévérité la plus rigoureuse.

L'augmentation de taxe! Mais elle ne sera qu'en rapport avec ce que d'autres Boulangeries ont déjà obtenu, avec l'allocation accordée, par exemple, à la Boulangerie de Bordeaux à celle d'Avignon, etc., etc., auxquelles on a passé jusqu'au triple et au quadruple même de l'indemnité départie à la Boulangerie d'Agen. Ces simples données indiquent déjà assez clairement combien ont dû être énormes les pertes des Pétitionnaires.

Afin de se rendre compte de tout ce qui va suivre, il ne faut pas perdre de vue que la consommation d'Agen, ou de 15,000 habitants, n'est de rien moins que de 43,800 hectolitres de blé, ci . . . 43,800

Lesquels se divisent, en moyenne, sur les quarante Boulangeries exploitées à Agen, en quarante fractions égales, chacune de 1,095 hectolitres. . . . . $^1/_{40}$ 1,095

Ces nombres sont évidemment exacts.

D'abord, parce que chaque Boulangerie ne fait, en moyenne, que trois fournées par deux jours, c'est-à-dire deux un jour et une seulement le lendemain, ce qui, à raison de deux hectolitres par fournée, ou bien de trois hectolitres par jour, donne le chiffre annuel et moyen de 1,095 hectolitres par chaque établissement.

Ensuite, parce qu'une consommation générale de 43,800 hectolitres, pour 15,000 habitants, suppose, par chaque individu pris isolément, une consommation partielle et moyenne de trois hectolitres de blé moins un dixième, ou, si on l'aime mieux, de deux hectolitres quatre-vingt-douze centièmes. Or, en considérant qu'un homme valide et dans la force de l'âge consomme le pain de quatre hectolitres de blé, on comprendra parfaitement que 15,000 individus, hommes ou femmes, enfants de l'âge le plus tendre ou vieillards, malades ou non malades, ne consomment, en moyenne, que trois hectolitres moins huit centièmes individuellement.

De ces calculs, comme on en aura bientôt la preuve, il résulte que la moyenne du commerce annuel de chaque Boulangerie se porte aujourd'hui, à Agen, à plus de VINGT-SIX MILLE FRANCS par an, quand le prix du blé atteint le prix moyen de 20 fr. ! Il en résulte encore que l'universalité des opérations des Pétitionnaires s'élève annuellement, à Agen, au-delà d'UN MILLION, et quelquefois de DOUZE CENT MILLE FRANCS!!

Ces sommes imposantes ne pourront qu'étonner ceux qui n'ont considéré jusqu'à présent les Boulangers que comme des industriels du dernier ordre, indignes d'être rangés au nombre des commerçants, et ne devant aspirer qu'au salaire d'un simple ouvrier....

Cela posé, il est temps d'établir parallèlement, dans un double tableau, la position de la Boulangerie d'Agen en 1806 et en 1843, de faire ressortir les différences énormes qui séparent ces deux extrêmes et d'indiquer les moyens de rétablir l'équilibre.

ÉTAT[illegible]

De la situation commerciale de la Boulangeri[illegible]
Basée sur une fabrication moyenne e[illegible]

Situation de 1806.—Prix moyen du Blé : 15 fr. l'hectolitre.

§ 1er — DÉPENSE.

I.— MISE DE FONDS, INTÉRÊTS.

1°	Achat d'un matériel	1,000	2,500				
	Approvisionnement de Blé, Farine, Bois et Sel.	1,000					
	Avances en crédit.	500					
	Intérêts à 5 % de ces 2,500 fr. de mise de fonds.					125	»

II. — FRAIS GÉNÉRAUX D'EXPLOITATION ET DE FABRICATION.

2°	*Pertes et non-recouvrements*	»	»	50	»	2,516	50
3°	*Détérioration et entretien* du matériel et du four.	»	»	150	»		
4°	*Patente*.	»	»	20	»		
5°	*Location* d'une boulangerie et d'une décharge .	»	»	300	»		
6°	*Mise en magasin et transport* de 1,095 hect. de blé.	»	»	»	»		
7°	*Epurage* au crible et au ventilateur de 1,095 hect. de blé.	»	»	»	»		
8°	*Mouture* de 1,095 hect. de blé, à 75 c. l'un..	»	75	821	25		
9°	*Frais extraordinaires de transport* à Aiguillon et retour à Agen de 135 hect., en moyenne annuelle, à 1 fr. l'un.	1	»	135	»		
10°	*Bluttage* de 1,095 hect. de blé	»	»	»	»		
11°	*Sel.* 1,916 demi-kilog. ¼ à 10 f. les 150 demi-k.	10	»	127	75		
12°	*Chauffage.* 4,562 fagots ½, gros bois de chêne, à 12 fr. le cent.	12	»	547	50		
13°	*Ouvrier. Nourriture et salaire* à 1 fr. par jour. .	1	»	365	»		
14°	*Eclairage* de la boulangerie et de l'atelier . .	»	»	»	»		

III.— ACHATS DE BLÉ.

15°	*Blé* (achats de) 1,095 hect., au prix moyen de 15 fr. l'un.	15	»	»	»	16,425	»
	Total de la Dépense			»	»	19,066	50

§ 2e — RECETTE.

1°	*Pain.* 1,095 hect. blé, à 16 fr. 75 c. l'un (montant du prix d'achat et de l'allocation)..	16	75	18,341	25		
2°	*Sons et Purges.* 35,400 demi-kilog., à raison de 32 demi-kilog. par hect., et de 3 fr. 50 c. les 100 demi-kilog.	3	50	1,226	40		
3°	*Charbon.* Les ⅖ de la valeur du bois. (art. 11 Dépense.).	»	»	219	»		
	Total de la Recette			19,786	65	19,786	65

§ 3e — RÉSULTATS.

	Différence de la Recette à la Dépense : bénéfice annuel et réel, en 1806, de					720	15
	Somme totale des opérations en 1806 (Recette). .			19,786	65		

OMPARATIF

la ville d'Agen, en 1806 *et* 1843,

uelle de 1095 *hectolitres en blé.*

SITUATION de 1843.—Prix moyen du Blé : 20 fr. l'hectolitre.

§ 1er — DÉPENSE.

I. — MISE DE FONDS, INTÉRÊTS.						
1° Achat d'un matériel	1,500		4,500			
Approvisionnement de Blé, Farine, Bois et Sel.	1,500					
Avances en crédit.	1,500					
Intérêt à 5 % de ces 4,500 fr. de mise de fonds.					225	
II. — FRAIS GÉNÉRAUX D'EXPLOITATION ET DE FABRICATION.						
2° *Pertes et non-recouvrements*	»	»	250	»	4,059	25
3° *Détérioration et entretien* du matériel et du four.	»	»	200	»		
4° *Patente*.	»	»	30	»		
5° *Location* d'une boulangerie et d'une décharge .	»	»	600	»		
6° *Mise en magasin et transport* de 1,095 hect. de blé.	»	»	»	»		
7° *Epurage* au crible et au ventilateur de 1,095 hect. de blé.	»	»	»	»		
8° *Mouture* de 1,095 hect. de blé, à 75 c. l'un. .	»	75	821	25		
9° *Frais extraordinaires de transport* à Aiguillon et retour à Agen de 135 hect., en moyenne annuelle, à 1 fr. 25 c. l'un	1	25	168	75		
10° *Bluttage* de 1,095 hect. de blé	»	»	»	»		
11° *Sel*. 1,916 demi-kilog. ¼ à 30 f. les 150 demi-k.	30	»	383	25		
12° *Chauffage*. 4562 fagots ½, gros bois de chêne, à 20 fr. le cent	20	»	912	50		
13° *Ouvrier. Nourriture et salaire*, à 1 fr. 90 par jour.	1	90	693	50		
14° *Eclairage* de la boulangerie et de l'atelier . .	»	»	»	»		
III. — ACHATS DE BLÉ.						
15° *Blé* (achats de) 1,095 hect., au prix moyen de 20 fr. l'un	20	»	»	»	21,900	»
Total de la Dépense			»	»	26,184	25

§ 2e — RECETTE.

1° *Pain*. Valeur de 1,095 hect. blé, à 21 fr. 75 l'un, moins 0 f. 30 c. pour 15 demi-kilog. pain de 3e qualité par hect., soit à 21 fr. 45 c.	21	45	23,487	75		
2° *Sons et purges*. 35,400 demi-kilog., à raison de 32 demi-kilog. par hectolitre, et de 5 fr. les 100 demi-kilog.	5	»	1,752	»		
3° *Charbon*. Les ²/₅ de la valeur du bois. (art. 11 Dépense.).	»	»	365	»		
Total de la Recette.			25,604	75	25,604	75

§ 3e — RÉSULTATS.

Différence de la Dépense à la Recette : perte réelle et annuelle, en 1843, de			579	50
Somme totale des opérations de 1843 (Dépense) .	26,184	25		

Bénéfices, bien modestes il est vrai, mais enfin bénéfices en 1806. En 1843, plus de bénéfices; pertes au contraire, et pertes énormes. Voilà la première impression que le tableau qui précède doit faire naître sur tout esprit sérieux et attentif!

Ce déplorable état de la Boulangerie d'Agen ne peut être mis en doute.

Pour le dénier, une allégation serait vaine. Il faudrait discuter le bilan du Pétitionnaire article par article; il faudrait prouver que les dépenses sont gonflées, que les recettes et rendements sont dissimulés ou diminués. — Eh bien! c'est ce qu'il sera impossible de faire.

La fabrication du pain n'est pas un mystère; ses procédés sont éminemment vulgaires; ils sont connus et pratiqués par le cultivateur et le propriétaire. Combien d'habitants de la ville qui ont pu se trouver souvent à même de suivre l'œuvre de la panification! Ainsi, il est souverainement aisé de contrôler les comptes de la Boulangerie.

Cette facilité est d'autant plus grande que des expériences nombreuses ont été faites, par l'ordre de l'autorité, dans plusieurs villes du royaume, et qu'il dépend de chacun d'en prendre connaissance.

Oh! l'on ne dira pas à la Boulangerie qu'on ne veut pas entrer en compte avec elle, que, puisqu'elle vit, elle peut encore aller en avant. Ce serait déserter la question et commettre une grande injustice.

La Boulangerie vit, dit-on; le *statu quo* peut être maintenu! Faudrait-il donc qu'il n'y eût plus un seul établissement à Agen, que tous fussent tombés, pour qu'on songeât à remédier à ses souffrances? Le remède serait aussi tardif qu'inutile.

Mais qu'on remarque attentivement ce qui se passe depuis longues années dans l'intérieur du commerce des pétionnaires. Depuis vingt ans, quarante Boulangeries ont cessé de fonctionner. Quarante en vingt ans! C'est-à-dire autant qu'il y a d'établissements sur pied. — Ainsi, sur deux créations, un établissement non viable ou à peu près. Quelle est la carrière commerciale ou industrielle où se présentent de pareilles chances d'insuccès?

Et qu'on ne suppose point que la cause de ce fait est autre que celle indiquée par les pétitionnaires. Il suffit de lire la liste de quarante chefs d'établissements disparus, pour avoir la preuve que trois ou quatre seulement se sont retirés avec quelque aisance, et encore leur provenait-elle, en grande partie, d'ailleurs, que de leur état; qu'un égal nombre s'est retiré, en réalisant à grand peine, ce qu'il avait jeté dans son entreprise, s'estimant fort heureux de conserver encore ce qu'il avait avant de commencer; — et qu'enfin tous les autres, tous, trente-trois sur quarante, ont fait leur retraite dans un état de délabrement aussi grand qu'il est notoire.

Les Boulangers actuels marchent cependant. Mais comment? C'est une vérité pénible à dire; la grande majorité ne vit que par des moyens extraordinaires et complètement en dehors de la profession.

Les uns ne parviennent à passer, qu'en opérant sur une clientèle bien plus large que la moyenne. A force de travail, ils diminuent la dépense, soit en ne payant qu'un loyer pour une fabrication de 3, 4, 5 et quelquefois 6 ou 7 mille hectolitres de blé, soit en faisant plus de fournées par jour, et en réalisant ainsi des économies et sur la main-d'œuvre et sur le chauffage. — Tout cela joint à une vente plus considérable, de 100,000 fr. et au-delà, leur procure quelque bénéfice infime.

Ceux-ci, n'ayant qu'une consommation moyenne ou au-dessous de la moyenne, ont un patrimoine, une maison peut-être, qui les dispense de payer loyer, ou quelques capitaux dont le revenu leur crée des ressources. Ils vivent, mais leur état ne leur produit rien.

D'autres, avec une activité étonnante, et abusant de forces physiques extraordinaires, se passent d'ouvriers ou n'en prennent que de temps en temps. Seuls, ils essaient de tenir tète aux achats, aux moutures, à la panification, à la débite, aux écritures, aux rentrées, etc., etc., à tous les détails enfin d'un commerce et d'une fabrication de vingt-six mille francs par an. Ils vivent aussi, mais ils ne s'aperçoivent point qu'ils s'usent misérablement, et que, très jeunes encore, ils se trouveront incapables du moindre travail.

Le plus grand nombre s'avance à tâtons, n'analysant jamais sa position, ne tenant compte ni de l'intérêt des fonds de roulement, ni des pertes sur les rentrées, etc., etc., et considérant peut-être comme des bénéfices ce qui ne l'est nullement.

Enfin, tous souffrent, tous luttent, soutenus par l'espérance d'arriver bientôt à des temps meilleurs, espérance que la grandeur même du mal soutient....

On ne peut donc, on le voit, opposer à la Boulangerie son existence. Sa situation est véritablement désespérée. S'il n'en était pas ainsi, ne serait-ce pas d'ailleurs un prodige? Ne faudrait-il pas que les changements opérés par la première moitié de ce siècle n'eussent pas atteint la Boulangerie, alors que leur influence a été si énergique sur toutes les autres professions?

Il ne reste qu'un moyen de contrôler le compte de la Boulangerie, celui de vérifier à fond tous ses articles. Si l'investigation la plus sévère ne peut la critiquer, impossible d'écarter la demande des Pétitionnaires. — Une démonstration rapide, et dans l'ordre du tableau, va prouver que les chiffres posés ne peuvent être changés au préjudice de la Boulangerie. Loin de là, elle fera voir, presque à chaque pas, qu'elle fait des concessions notables. (*)

§ I.er — DÉPENSE.

1° *Fonds de Roulement.* — Ils s'élèvent, d'après le tableau, à 4,500 fr. pour 1843 et 2,500 fr. pour 1806. — Acheter un matériel, faire ses approvisionnements de blé, de farine, de bois et de sel, avoir des capitaux suffisants pour faire face aux ventes non payées comptant; est-ce trop, aujourd'hui, pour tout cela, de 4,500 fr.? — Cette somme est au-dessous de la réalité : il n'est pas de Boulangerie moyenne qui n'ait besoin, à son début, de plus de six mille francs. — On conçoit qu'en 1806, le capital d'établissement devait être moins élevé de moitié; alors, en effet, les procédés de fabrication n'exigeaient pas un matériel aussi considérable; le prix du blé dépassait rarement 15 fr., tandis que maintenant son prix courant est de 20 à 22 fr. Le bois se vendait moitié moins; le prix du sel n'était que du tiers de ce qu'il est de nos jours. Enfin, le consommateur payait presque toujours comptant; aujourd'hui, ce n'est plus cela, la Boulangerie est obligée de vendre à terme, et, trop souvent, pour faire rentrer ce qui lui est dû, elle est forcée d'obtenir des condamnations, de faire faire des saisies.

(*) Voir le tableau comparatif dont un duplicata a été imprimé à la fin de la pétition (document n° 3), pour faciliter l'intelligence du travail.

Les greffes des justices de paix et du tribunal civil pourraient donner sur ce point la statistique des différences de 1806 à 1843.

D'un autre côté, le tableau ne fait produire au fonds de roulement qu'un intérêt de cinq pour cent, lorsque la loi l'établit pourtant à six pour cent. — Concession.

2° *Pertes et non-Recouvrements.* — De ce qui a été déjà dit au numéro précédent, il ressort que les pertes et non-recouvrements doivent être aujourd'hui infiniment plus grands qu'en 1806. La ville est pleine d'étrangers, de réfugiés, d'ouvriers qui passent. Tous ces consommateurs ont besoin de crédit; les domiciliés en usent de plus en plus. — De là. des pertes. En faisant entre les deux extrêmes une différence d'un à cinq, c'est être bien modéré. Du reste, le chiffre de 250 fr. de perte pour 1843, n'est que la valeur de moins d'un pour cent sur les 26,000 francs, montant annuel des opérations d'une Boulangerie moyenne. Les Pétitionnaires défient toutes les branches du commerce et de l'industrie (et de toutes, celle de la Boulangerie souffre le plus pour les rentrées) de perdre moins d'un pour cent sur les recouvrements.

3° *Entretien du Matériel et du Four.* — Cet entretien devrait être coté trois cents francs au lieu de deux. Il faut faire au four des réparations continuelles; l'action du feu détraque bientôt les constructions les plus solides; les transports des sacs au moulin et aux greniers, l'usage des bluttoirs, des paillons, des toiles, et des diverses pièces servant à la fabrication, force à des renouvellements incessants. En 1806, le prix des fournitures et de la main-d'œuvres nécessaires pour l'entretien. était d'un tiers de moins qu'en 1843. — Concessions.

4° *Patente.* — Les différences du tableau pourraient être justifiées par les livres de la perception. — En 1843, il faudrait même porter la moyenne des patentes de 35 à 40 fr. — Concession.

5° *Location.* — Tout le monde sait que les loyers ont doublé depuis 1806. En portant à 600 fr. seulement le loyer de 1843 pour une Boulangerie et pour une décharge, le tableau fait encore une concession. car, en général, ce loyer est de huit cents francs. — Il est des Boulangeries de première classe qui occupent des locations dont la valeur s'élève à deux mille francs.

6° *Transports.* — Le tableau ne porte rien pour les frais de transport des blés achetés à la halle ou dans les greniers d'Agen. Il compte aussi pour rien les frais de les mettre en grenier, de les descendre pour les livrer au meunier, de les remettre en magasin lorsque la farine revient du moulin. Cependant, il serait juste de porter au moins cinq centimes par hectolitre quand le blé est reçu pour la première fois dans la Boulangerie. Tel est, en effet, le salaire des gens de peine chargés de ce travail. Ces 05 centimes produiraient 54 fr. 75 c. de dépense moyenne par an. — Concession.

7° *Epurage.* — Rien encore. Personne n'ignore que la Boulangerie épure ses blés, soit au grand crible, soit au ventilateur, afin de perfectionner le pain et de le rendre surtout plus sain. — Les machines qui fonctionnent à grand bruit dans les Boulangeries, et la balle qui s'envole au-dehors, ne laissent aucun doute sur ce point. Cet épurage est fait par des manœuvres. Les ouvriers boulangers ne veulent pas le faire; c'est à peine si les apprentis consentent, quelques jours, à porter le pain à domicile. — Concession.

8° *Mouture.* — Cet article ne peut être l'objet d'aucune difficulté. Il est de notoriété publique que le meunier prend et a pris toujours, en argent, soixante-quinze centimes par hectolitre.

9° *Transports à Aiguillon.* — Les Pétitionnaires sont obligés de faire moudre leurs blés aux petits moulins construits sur les ruisseaux qui coulent aux environs d'Agen; ils n'ont même plus la ressource des moulins à nef qui sont restés long-temps établis sur la Garonne, le régime nouveau adopté pour la conservation des rives du fleuve les ayant fait proscrire. — Quand la sécheresse arrive, plus d'eau dans les petits ruisseaux, chômage des moulins. C'est alors qu'il faut aller moudre à Aiguillon. On n'y paie, comme à Agen, que 75 c. pour la mouture, mais les frais de transport du blé et de retour, deviennent l'objet d'une dépense notable : ils sont actuellement de 1 fr. 25 c. par hectolitre; en 1806, ils s'élevaient déjà à 1 fr.

Il est de fait que, sur quatre étés, pendant trois au moins les petits moulins d'Agen sont condamnés au chômage. — Quelquefois les années de sécheresse forment des séries presque sans fin. Depuis 12 ans, il y a eu dix années de chômage! Durant les deux seules années de 1842 et 1843, marquées par des pluies extraordinaires, il n'a pas été nécessaire de recourir au moulin d'Aiguillon. — Or, le tableau ne porte en compte qu'une année de sécheresse sur deux, et trois mois de mouture à Aiguillon, par deux ans, ce qui donne quarante-cinq jours en moyenne par an, ou bien cent trente-cinq hectolitres, à raison de 3 par jour. Il fait donc une concession énorme.

La Boulangerie appelle de tous ses vœux la construction d'un grand moulin sur la Garonne, aux abords d'Agen.

10° *Bluttage.* — Au retour du moulin, la farine est rendue mêlée avec les basses matières. Il faut séparer ces divers éléments pour obtenir la farine propre à la fabrication. Il faut aussi diviser la farine provenant du même blé en plusieurs qualités. Ces opérations sont faites, comme l'épurage, par des manœuvres. (Voir n° 7) — Cependant rien. — Concession.

11° *Sel.* — La valeur du sel, depuis 1836, s'est accrue d'une façon extraordinaire. Peu de temps avant le réglement actuel, l'impôt assis sur cette matière avait été augmenté; mais depuis il a dû être porté à une somme démesurée. — Relativement aux dates et à l'importance de ces augmentations successives, la Boulangerie n'a pu trouver rien de précis, pas même dans les bureaux des contributions directes. Toujours est-il que les Pétitionnaires se souviennent qu'en 1806 une sache de sel de 150 demi-kilog. ne coûtait que 10 fr. environ, tandis qu'actuellement elle revient à 30, 31 et quelquefois 32 fr. — La quantité de sel portée au tableau ne saurait être réduite. Que ceux qui font leur pain pèsent le sel qu'ils y emploient, ils verront qu'en tenant compte de toutes les différences, le poids d'un demi-kilog. trois quarts par hectolitre de blé est infiniment modéré.

12° *Chauffage.* — L'importance du chauffage est remarquable. Bien que le prix du bois se soit élevé aujourd'hui au double de 1805, le tableau s'est pourtant arrêté au prix de 12 fr. et 20 fr. On sait généralement que le gros bois de chêne, dont la Boulangerie s'approvisionne, se vend jusqu'à 24 et 25 fr. L'administration municipale, de son côté, n'ignore point quel est le cours du bois qu'elle fait distribuer lors des inondations aux familles nécessiteuses dont le domicile a été submergé. Voilà pour le prix. Quant à la quantité du combustible brûlé par une Boulangerie moyenne, il est aisé de la déterminer. Le tableau ne porte que vingt-cinq fagots par trois fournées, soit à 20 fr. le cent, 5 fr. pour deux jours. Tous ceux qui le veulent pourront facilement vérifier que cette quantité est insuffisante, le plus souvent, pour ne pas dire toujours. — Concession.

13° *Ouvrier, nourriture et salaire.* — En 1806, un ouvrier gagnait à peine 10 ou 12 fr. par mois; aujourd'hui, son salaire se porte à 20, 24 fr. et au-dessus. Sa nourriture, en 1806, était très simple; tous les comestibles étaient d'ailleurs, à cette époque, à bon marché. —Aujourd'hui, que la viande a doublé de valeur, l'ouvrier est très exigeant. On peut compter que sa nourriture se porte au-delà du double de ce qu'elle coûtait en 1806; et cependant le travail qu'on obtenait à cette époque dépassait de beaucoup celui d'aujourd'hui.

14° *Eclairage.* — L'éclairage de la Boulangerie et de l'atelier donne lieu à une dépense assez considérable. On pétrit et l'on fait le tiers des fournées pendant la nuit. — Cependant rien. — Concession.

15° *Blé, achat.* — Rien ne peut être critiqué sur cet article. — Ses divers prix-courants, en 1806 et 1843, sont connus de tout le monde. Les quantités employées par la Boulangerie ont été plus haut l'objet de précisions particulières. (Pages 8 et 9.)

§ II. — RECETTE.

La loyauté fait un devoir aux Pétitionnaires de constater un accroissement général dans la recette, bien que le premier article qui la compose ait baissé cependant de valeur. —C'est ce qui résultera de ce qui va suivre :

1° *Pain.* — D'après l'arrêté, un hectolitre de blé doit produire 152 demi-kilog. et quart de pain. Ce rendement était cependant impossible, dès 1806, même avec la qualité que l'on donnait alors au pain. Depuis, cette base du réglement est devenue encore plus fausse, à raison des améliorations que la Boulangerie a introduites dans la panification.

Premièrement. — Il sera facile d'avoir la preuve, en faisant des essais, que, même en 1806, le rendement en pain était inférieur à celui côté par l'arrêté.

Il est bien entendu que ces essais doivent être faits sur du blé de qualité moyenne. Si l'on prenait du blé de première ou de troisième qualité, les expériences seraient nécessairement erronées; car c'est sur la masse générale et non sur une simple fraction qu'il convient d'opérer. L'arrêté n'a dû et n'a pu parler que du rendement moyen, et conséquemment que de la qualité moyenne du blé, ou, si l'on veut, de la moyenne obtenue par le mélange, à quantités égales, de ses trois qualités.

Il est bien entendu aussi que les expériences doivent porter exclusivement sur les blés vendus au marché d'Agen. En opérant sur des blés de provenance extérieure, un préjudice notable serait porté à la Boulangerie. — Vainement, pour faire comprendre dans les essais les blés de Puymirol, Astaffort et Laroque, dirait-on qu'ils sont d'une qualité supérieure à ceux d'Agen, que leur rendement est proportionnellement plus riche, et qu'il est du reste constant qu'ils entrent pour les deux tiers au moins dans les approvisionnements de la Boulangerie. — Cette objection serait sans force, car l'excédant en qualité et un rendement de ces divers blés est couvert par la différence du prix d'achat. — Loin de procurer aux Pétitionnaires quelque avantage, les blés autres que ceux d'Agen augmentent leurs dépenses en nécessitant notamment des frais de transport, pour lesquels la Boulangerie n'a eu jusqu'à ce jour, contre toute justice, aucune sorte d'indemnité.

Le mode d'expérimenter présenté par la Pétition n'est-il pas, du reste, parfaitement en harmonie avec celui adopté pour la tenue des mercuriales de la ville d'Agen? — Les mercuriales tiennent compte de toutes les fluctuations de cours sur toutes les qualités de blé, mais seulement sur celles d'Agen; elles indiquent par suite le cours moyen des diverses qualités vendues à Agen, et ne déterminent une augmentation ou diminution dans l'application de la taxe qu'en ayant égard à ce cours moyen. — Or, il serait souverainement contraire à l'équité de prendre pour le rendement la base de la qualité supérieure ou celle des blés vendus hors d'Agen, et de se servir ensuite, pour la taxe, d'une base différente. De toute nécessité, ces deux bases doivent être concordantes entre elles. Il serait oiseux d'insister plus long-temps sur ces notions élémentaires.

Que des essais soient donc faits, et l'on aura la conviction que dès 1806 la base de l'arrêté était déjà fausse. — L'autorité pourrait, si elle le jugeait convenable, s'aider des vérifications de poids que l'administration des subsistances militaires a l'habitude de faire faire toutes les fois qu'elle opère des achats.

Deuxièmement. — Les Pétitionnaires ont avancé que la base du règlement, fausse dans le principe, l'est devenue encore davantage ultérieurement. Voici comment :

La panification s'est améliorée considérablement; il a été déjà dit que ce résultat n'avait pu être obtenue que par le forcement du rendement des basses matières, et par suite, par l'amoindrissement en quantité des farines propres à la panification de première et de deuxième qualité. — Si l'on admet l'amérioration, ce qui est nécessaire, il faut bien aussi admettre ses effets; car c'est une vérité mathématique qu'on ne peut procéder, en quoi que ce soit, par voie d'épuration sans reléguer dans un ordre inférieur tout ce qui n'est pas l'objet du choix.

Si l'on prend pour un moment les bases de l'arrêté, on devait forcément procéder ainsi dans la fabrication de 1806 :

SOIT LE POIDS DU BLÉ : 152 DEMI KILOG. 1/4	RENDEMENTS.	PERTES.
Epurage au crible. Purges, demi-kilog. .	2	
Perte au ventilateur et à la mouture. . . .		7
Farine mêlée de son, obtenue par la mouture 143 1/4		
Dont 1° : perte au blutage		1 1/4
2° Son	30	
3° Farine propre à la panification.	112	
TOTAUX partiels . . .	144	8 1/4
TOTAL général. . . .	152 1/4 poids égal.	

Voilà donc le dernier produit (112 demi-kilog. de farine) qui devait produire, d'après l'arrêté, 152 demi-kilog. et quart de pain de deuxième qualité.

Mais aujourd'hui, et il faut toujours revenir sur ce point, une diminution de la quantité de la farine propre à la panification de deuxième qualité s'est produite par l'augmentation de la qualité ou de la blancheur du pain. — Pour réaliser ces améliorations, il a fallu diviser la farine en deux qualités, l'une supérieure à la masse et pouvant conséquemment donner des produits plus fins et plus beaux, l'autre inférieure et ne pouvant, conséquemment aussi, donner que des produits inférieurs.

De tous ces changements il est résulté qu'on a obtenu par hectolitre de blé 15 demi-kilog. de pain de troisième qualité au moins, et qu'on a perdu un égal poids sur la qualité intermédiaire, ce qui a déterminé une perte de 30 c. par hectolitre de blé.

En définitive, il est maintenant manifeste que le rendement du pain devrait être réduit à deux titres. Néanmoins le tableau, négligeant la première différence pour ne point compliquer la discussion, s'attache seulement à la seconde, et ne porte en compte que 30 c. en moins sur la recette. — Concession.

2° *Sons et purges.* — Les sons et purges ne peuvent être, d'après les bases du réglement même, que de 32 demi-kilog. au plus. Si on voulait en augmenter le poids, il faudrait diminuer celui de la farine. A ce compte, la Boulangerie aurait encore plus raison de se plaindre. — On pourrait prétendre encore que les sons et purges pèsent davantage en soutenant que la perte de la mouture, celle de l'épurage et du bluttage ne s'élèvent pas à 8 demi-kilog. $^1/_4$ — Cette allégation serait bientôt détruite par l'expérience. Au moulin on perd toujours plus de 4 demi-kilog., et quelquefois....... à l'épurage et au bluttage on perd au moins ce qui est porté en compte. — Le premier venu peut s'éclairer sur ce point, avec la plus grande facilité.

Un mot sur le prix des sons et des purges.

En 1806, la vente des sons ne dépassait pas la moyenne de 3 f. 50 c. par 100 demi-kilog.

Le tableau la porte à 5 fr. les 100 demi-kilog. pour 1843.

De ces deux prix, le premier ne saurait être critiqué.

Le second pourrait être modifié, mais au profit de la Boulangerie. Le son a dans ce moment un cours extraordinaire qui ne pourra se maintenir. Tout récemment encore son prix ne s'élevait qu'à 4 fr. 25 c. et 4 fr. — Ce n'est qu'à cause des travaux du canal et du grand nombre de chevaux qu'ils exigent, que le son a atteint la valeur de 5 f. — Quand le canal sera fini aux abords d'Agen, ce qui ne peut tarder, quand la navigation de cette nouvelle voie aura remplacé le halage de la Garonne, le nombre des chevaux diminuera considérablement, ainsi que la consommation et le prix du son. L'introduction dans ce pays des prairies artificielles tendra au même but.

Spécialement, quant aux purges, il convient de dire que la Boulangerie ne les vend que rarement au prix du son. — Le plus souvent elle les donne par petites quantités aux consommateurs. — Concession.

4

Charbon. — Ce dernier article de la recette n'exige qu'une explication bien courte. Le tableau a pris le maximum du rendement de ce résidu. Il suppose qu'il représente actuellement, comme autrefois, les deux cinquièmes de la valeur du bois. Il eût été mieux de ne le porter qu'au tiers de cette valeur. — C'est encore une expérience à la portée de qui que ce soit.

§ 3. — RÉSULTATS

Maintenant que tous les articles de la dépense et de la recette ont été débattus, la Boulangerie peut, avec toute assurance, faire ressortir les résultats généraux de sa position.

En 1806 :

720 f. 15 c. de bénéfice, avec un roulement d'affaires de 19,786 f. 65 c.

En 1843 :

579 f. 50 c. de perte, avec un roulement d'affaires de 26,154 f. 25 c.

Au commencement, celui qui entrait dans la Boulangerie pouvait, à toute force, pourvoir aux besoins les plus impérieux d'une famille. Le bénéfice réalisé alors ne pouvait, il est vrai, parer aux éventualités de pertes extraordinaires résultant, par exemple, de maladies et autres malheurs; il était surtout insuffisant pour faciliter des économies et créer un fonds de retraite....... Quoiqu'il en soit, bénéfice en 1806.

De nos jours, le déficit a tout dévoré; le capital de celui qui n'a que son état doit nécessairement se démanteler rapidement. — Perte donc, alors que le chiffre des affaires de 1806 s'est augmenté de près de 33 %. — Perte en 1843.

Voilà la véritable position! Est-il besoin de faire ressortir tout ce qu'elle présente d'infiniment triste?

Que le compte de la Boulangerie soit pris et tourmenté dans tous les sens; que les expériences les plus minutieuses soient faites, les deux grands résultats du tableau reviendront toujours : Bénéfice en 1806, perte en 1843.

Quelle est la conséquence de ces prémisses, si ce n'est la nécessité d'ordonner une augmentation de l'allocation de 1806?

Ici les Pétitionnaires doivent faire une réserve au sujet des concessions nombreuses qu'ils ont faites et qu'ils ne veulent pas compter.... Si le tableau de leur position est attaqué dans ses bases et dans ses détails, la justice exige que ces concessions, motivées surtout par le besoin de simplifier les questions, ne puisse leur être opposées; dans ce cas, ils devront reprendre, naturellement, tous leurs avantages. Une discussion et des expériences conduites à ces termes, mettront encore mieux en évidence la modération des Pétitionnaires.

Le principe d'une augmentation d'allocation une fois admis, il ne reste plus qu'à en déterminer le chiffre.

Si l'on prend en considération l'accroissement des affaires des Pétitionnaires et l'avilissement de l'argent; si la Boulangerie peut, à bon droit, être rangée au nombre des branches importantes du commerce, il ne paraîtra pas exorbitant de lui allouer le bénéfice ordinaire du commerce : dix pour cent sur la totalité du montant annuel de ses opérations. — Il devrait en être ainsi notamment, à raison, soit du travail extraordinaire attaché à l'exercice de la profession et tendant toujours à s'accroître, soit de ce que cette allocation de dix pour cent devrait couvrir d'abord la dépense et l'entretien de toute une famille, servir de salaire au chef d'établissement et à sa femme, *comme gens de peine*, et n'être un bénéfice net et réel, *au point de vue commercial*, qu'à concurrence de l'excédant seulement.

Toutefois, la Boulangerie demandera moins que ces 10 % qui lui attribueraient 2,600 fr., beaucoup moins.... Elle n'élèvera sa demande qu'au taux qu'un simple prêt ou placement d'argent produit dans le commerce, sans spéculation et sans travail aucun, qu'au taux du revenu que la culture la plus ordinaire procure à celui qui laboure son champ : à six pour cent, et même un peu moins.

Certes, cette base d'indemnité ne peut paraître exagérée!

Si elle est adoptée, il sera nécessaire d'augmenter la taxe du pain de deuxième qualité d'un centime et quart par demi-kilog., ou bien de deux centimes et demi par kilogramme. — Avec cette augmentation, l'indemnité accordée pour manutention et bénéfice sera de 3 fr. 65 c. $^{5}/_{16}$ par hectolitre, et la Boulangerie moyenne aura un bénéfice annuel de 1503 fr. 42 c.

Il est aisé d'en faire la preuve :

Avec l'augmentation, la recette restera invariable, quant au son et au charbon, qui sont portés au tableau (colonne 1843), savoir :

Sons et purges.	1752	2,417
Charbon	365	

Le pain, en conservant la fausse base de l'arrêté (152 d. k. $^1/_4$ poids de l'hectolitre), produira à 23 f. 65 c. $^5/_8$ par hectolitre, (prix d'achat et indemnité), moins 30 c. pour les 15 demi-kilog. de pain de 3e qualité, par hectolitre, c'est-à-dire à raison de 23 f. 35 c. seulement 25,570 67

Ce qui portera la recette générale à 27,687 65

D'un autre côté, la dépense générale restant la même, ci 26,184 25

Il y aura un reliquat ou bénéfice annuel de. . . 1,503 42

Il est encore plus aisé de reconnaître que ce bénéfice est inférieur à une somme de six pour cent, calculée sur le roulement, actuel, du commerce des Pétitionnaires.

Si au lieu d'accorder 1 c. $^1/_4$ par demi-kilogramme de pain de 2e qualité, l'augmentation ne se portait qu'à 1 c. l'allocation pour manutention et bénéfice descendrait à 3 f. 27 c. $^1/_4$, et le bénéfice annuel de chaque Boulangerie moyenne ne serait plus que de 1,087 f. 63 c.

Or, cette somme ne pourrait jamais être présentée comme étant la juste récompense d'un commerce et d'une fabrication de 26,000 f. par an : elle ne se porterait qu'à un peu plus de 4 pour cent de bénéfices.

Bien plus, ces 1,087 f. 63 c. seraient inférieurs par le fait au bénéfice de 1806, avec la valeur actuelle de largent.

On pourra reconnaître l'exactitude de ces derniers chiffres en vérifiant que la vente du pain, au lieu de produire (avec l'augmentation d'un centime $^1/_4$) 25,570 67

Ne donnerait plus, avec un centime seulement, que. . 25,154 88

Ce qui diminuerait de. 415 79

Le bénéfice se portant à . . 1,503 42

Et le réduirait ainsi, conformément à ce qui a été déjà dit, à 1,087 83

Dernière observation : avec l'augmentation d'un centime un quart par demi-kilogramme de pain 2ᵉ qualité, le bénéfice net et réel, par hectolitre, ne sera que d'un franc trente-sept centimes, ci . . . 1 f. 37 c.

Avec l'augmentation réduite à un centime, ce bénéfice ne serait plus que de quatre-vingt-dix-neuf centimes par hectolitre, ci . . 0 f. 99 c.

Les Pétitionnaires ne croient point qu'il soit nécessaire d'insister sur ces divers calculs; leur puissance est irrésistible, en présence de la surabondance des motifs qui les appuient, et principalement au point de vue des allocations qui ont été accordées à plusieurs Boulangeries du midi.

Il est convenable de faire quelque précisions sur ce dernier point.

A Bordeaux, la Boulangerie n'achète point des blés, elle prend ses farines directement dans les minoteries; c'est ce qui est consigné dans un arrêté pris par le Maire de cette ville, le 21 août 1840. (*)—Eh bien! Cet arrêté alloue à la Boulangerie bordelaise 5 fr. pour manutention et bénéfice, par 100 demi-kilog. de farine; ce qui revient à 5 fr. 60 c. par hect. de blé, ou par 112 demi-kilog. de farine, en prenant la base de la Boulangerie d'Agen. — 5 fr. 60 c.! qu'on l'entende bien, au lieu de 3 fr. 65 c. $^5/_{16}$ demandés par les Pétitionnaires, et qu'il est juste encore de réduire à 3 fr. 35 c. $^5/_{16}$, à cause du pain de 3ᵐᵉ qualité. Il est vrai que la Boulangerie bordelaise n'a point à ajouter les sons ni les purges à ses bénéfices; il est vrai encore qu'elle est placée dans une plus grande ville. — Mais aussi combien de différences favorables aux Pétitionnaires relativement à leurs confrères de Bordeaux! Ceux-ci trouvent la farine toujours prête, au sein de leur ville, à côté de leur établissement. Pas n'est besoin pour eux d'aller faire des achats sur les marchés publics et dans les greniers du propriétaire, moins encore d'aller, désertant le siége de leurs affaires, où la présence du maître est si nécessaire, se transporter hors de Bordeaux, sur des marchés

---

(*) Voir le texte de l'arrêté pris par M. le Maire de la ville de Bordeaux le 21 août 1840, à la fin de la pétition (document n° 2

voisins, qui seraient par exemple à cette ville comme Puymirol, Astaffort et Larroque sont à Agen. Ce n'est pas tout, ils n'ont qu'à faire faire leur pâte; pour eux tout est fini par là : ils se trouvent dispensés du soin d'emmagasiner les blés, de les faire passer au crible et au ventilateur, de les livrer au meunier, de les recevoir après la mouture, de soumettre le mélange venant du moulin aux opérations du bluttage. — C'est-à-dire que le Boulanger de Bordeaux n'a que le quart et peut-être moins du travail imposé aux Pétitionnaires...... Et cependant la Boulangerie bordelaise réclame encore dans ce moment un accroissement d'allocation !

Pour parler d'une ville dont l'importance est plus égale à celle d'Agen, d'une ville où chaque Boulangerie moyenne opère annuellement sur 1,095 hectolitres, et dans laquelle la profession s'exerce comme à Agen en achetant directement des blés ,les Pétitionnaires citeront Avignon. — Eh bien! qu'est-il accordé aux Boulangers de cette ville pour manutention et bénéfice? Combien ? 6 fr. 28 c. par hectolitre! près du double de ce que la Boulangerie d'Agen demande!.... Et qu'on remarque encore qu'en 1812, la Boulangerie d'Avignon avait déjà obtenu cette allocation de 6 fr. 28 c.!!....

En vérité, ce n'est pas trop de toutes les habitudes de travail constant et d'ordre rigoureux, qu'on trouve chez les Pétitionnaires et dans l'intérieur de leurs familles, pour que la Boulangerie borne sa demande à une si faible indemnité.

Les Pétitionnaires douteraient de la bonté de leur cause, s'ils ajoutaient un seul mot aux considérations victorieuses qu'ils viennent de présenter sur la question principale de la Taxe..........

II.me SECTION.

DISPOSITIONS DIVERSES.

L'arrêté de 1806 ne régle que les bases de la Taxe. Cependant la Boulangerie est en contact, sur d'autres points, avec l'autorité. — La classification des diverses qualités de pain, — les mercuriales, — le poids du pain, soulèvent ou peuvent faire naître des difficultés et des questions, qu'il est prudent de prévoir et de résoudre. — L'arrêté pris en 1840, par M. le Maire de Bordeaux n'a pas manqué de reporter son attention sur ces diverses matières.

I. — CLASSIFICATION DES DIVERSES QUALITÉS DE PAIN.

Le règlement de 1806 ne reconnaît que deux qualités de pain : la première et la seconde. Cependant toutes les Boulangeries d'Agen livrent à la consommation une troisième qualité sous le nom, devenu impropre, de pain de méture. Ce dernier pain, bien supérieur, du reste, au pain de troisième qualité vendu dans beaucoup de villes, est débité, particulièrement aux familles peu aisées, moyennant une réduction de trente centimes par quinze demi-kilog., comparativement à la taxe du pain de deuxième qualité. C'est de cet usage que les Pétitionnaires sollicitent la consécration dans un nouvel arrêté.

II. — MERCURIALES.

Il paraît juste à la Boulangerie que l'application de la taxe ne soit pas faite à l'avenir sur les mercuriales d'Agen, exclusivement. Celles des trois marchés de Laroque, Astaffort et Puymirol ne doivent point rester sans influence pour cette opération.

Les Pétitionnaires ont eu déjà l'occasion de dire plusieurs fois qu'ils sont forcés de faire une très grande partie de leur approvisionnement hors d'Agen (Pages 18 et 19). Située au milieu d'un pays de plaine, où s'entasse une population très nombreuse et qui consomme la presque totalité de ses récoltes, la ville d'Agen doit se pourvoir au loin pour ses achats de blé. Or, ces blés, plus chers, mais proportionnellement, il est vrai, plus riches en rendement, nécessitent 1° des frais de voyage; 2° des absences préjudiciables aux affaires; 3° et des transports, dont le prix se porte moyennement à 50 c. par hectolitre.

En appliquant la taxe sur les cours d'Agen et des trois marchés susdésignés, concurremment, l'équité serait satisfaite. A défaut, la Boulangerie demande qu'il lui soit alloué une indemnité spéciale pour tous ses achats extérieurs.

III. — POIDS DU PAIN.

Le poids du pain soulève de grandes difficultés.

Généralement on suppose que, pour obtenir constamment tel poids donné, il faut tout simplement mettre au four tel autre poids de pâte, invariable et toujours le même.

C'est une erreur :

Selon la qualité de la farine, l'eau doit être augmentée ou diminuée. — Si la température est plus ou moins élevée, l'évaporation est différente et affecte les rendements en pain. — Enfin, toutes choses étant ou égales ou parfaitement appréciées dans leurs différences, ce qui est d'une difficulté extrême, le poids varie d'une façon très sensible, suivant la perfection, l'excès ou l'imperfection de la cuisson. — Le four est-il un peu trop chaud, ou bien le pain y est-il laissé quelques minutes de trop, le poids diminue. La nature a des lois et presque des caprices dont rien ne peut s'affranchir. La volonté de l'homme et les règles qu'il s'impose cesseraient d'être sages, si elles méconnaissaient une puissance qui les domine.

Sans doute, la Boulangerie pourrait couper court à tous les embarras, en faisant du pain composé d'un peu plus de pâte qu'il n'en faut ordinairement. Mais qu'on y prenne garde, il y aurait perte pour elle.

Cependant, la Boulangerie le reconnaît, le pain mis en vente, doit avoir le poids requis, sauf les cas d'exceptions légitimes.

Pour concilier tous les intérêts, la Boulangerie demande que l'arrêté nouveau prescrive aux agents de l'autorité de ne point prendre en considération, à l'avenir, dans les vérifications, telle ou telle petite différence en plus ou en moins par pains isolés, mais bien de peser en bloc tous les pains du jour qui se trouveront dans l'établissement. Si le poids moyen est supérieur ou égal à celui du règlement, on sent qu'il ne peut y avoir lieu de dresser procès-verbal de contravention. — En effet, point de délit; sans intention, point d'intention de fraude, sans intérêt; et ce qui revient au même, point de différences frauduleuses avec des compensations. — En s'obstinant à présenter comme condamnable ce qui ne l'est point, c'est jeter gratuitement la déconsidération sur toute une profession, et exciter contre elle d'injustes défiances.

La Boulangerie demande, en outre, l'introduction dans l'arrêté nouveau de deux dispositions qui se trouvent dans celui de Bordeaux: l'un allouant une tolérance déterminée sur le poids du pain de la veille, l'autre dispensant de toute vérification les pains des plus petits volumes.

Il est constant que le pain de la veille, dont le poids, au sortir du four, était parfait, commence de suite à perdre par l'effet de l'évaporation. — Du reste, la distinction du pain du jour et de celui de la veille, pouvant se faire avec la plus grande facilité, ne présente aucun inconvénient. La tolérance demandée par les Pétitionnaires n'est autre, toute proportion gardée, que celle accordée à Bordeaux, savoir :

Pour un pain	de 500 grammes.	25	grammes.
idem.	de 1 kilogramme.	35	*idem.*
idem.	de 2 *idem.*	45	*idem.*
idem.	de 2 kilog. 500 5rammes	55	*idem.*
idem.	de 5 kilog.	85	*idem.*
idem.	de 7 kilog. 500 grammes	110	*idem.*
idem.	de 10 *idem.*	120	*idem.*

Quant aux petits pains de choine de 125 et de 250 grammes, ($^1/_4$ et $^1/_8$ de kilog.), l'exéguité de leur volume, ainsi que le porte l'arrêté de Bordeaux, doit les dispenser de toute vérification; car plus les pains sont petits, plus les moindres différences de cuisson ou autres accidents deviennent sensibles, de façon que, pour les deux sortes de pain dont s'agit, il est impossible de diriger la fabrication de manière à obtenir un poids donné.

III.me SECTION.

DISPOSITIONS EXTRAORDINAIRES ET PROVISOIRES.

I. — DISPOSITIONS EXTAORDINAIRES.

Les soussignés ne termineront point leur pétition sans former une demande toute spéciale, relative à des circonstances extraordinaires que la Boulangerie a dû traverser, et qui pourraient encore reparaître.

5

La profession et le commerce des Pétitionnaires ont tellement été considérés comme placés hors du droit commun, qu'on a cru pouvoir déroger jusqu'à la taxe, dans des temps désolés par la famine. — C'est ainsi qu'en 1816 la taxe du pain fut abaissée au-dessous de ce que prescrivait l'arrêté de 1806; la disette justifiait, disait-on, cette mesure. Toutefois, une compensation devait être accordée à la Boulangerie après la disparition du fléau.

Chose inouie! Il n'en a pas été ainsi, et la Boulangerie attend encore cette indemnité!

De pareilles dérogations seront-elles possibles à l'avenir? Ne constitueraient-elles pas une atteinte grave au droit de propriété, dont l'inviolabilité est garantie par la loi constitutionnelle? Ou bien, l'intérêt général, cette grande raison qui revient toujours, autorisera-t-elle encore la suspension momentanée des règlements? Cette question, les Pétitionnaires ne veulent point l'approfondir.

Néanmoins, si l'on jugeait que le renouvellement des faits de 1816 est possible, il serait de toute justice d'écrire dans le nouvel arrêté que toutes les fois qu'il y aurait lieu d'abaisser l'application de la taxe, ce ne pourrait jamais être qu'après avoir pris, auprès du syndicat, connaissance de la position de la Boulangerie, et à la charge de faire jouir la profession d'une augmentation égale, par le résultat, à la diminution, dès que les circonstances extraordinaires auraient cessé! — C'est ce que les Pétitionnaires demandent expressément.

II. — DISPOSITIONS PROVISOIRES.

Comme il est facile de prévoir que l'étude des diverses questions de la demande des soussignés pourra exiger un certain laps de temps, non point sans doute à cause de leurs difficultés réelles, mais peut-être à raison des détails nombreux qui s'y rattachent, les Pétitionnaires ont l'honneur de vous prier, Monsieur le Maire, d'adopter provisoirement des moyens qui puissent arrêter les progrès du mal.

La mesure est comblée; il y a urgence.

Des lenteurs pourraient déterminer des sinistres irréparables : la consommation de la ruine de quelque établissement, réduit à ses dernières ressources.

Dans cet état, ne conviendrait-il point que vous prissiez un arrêté par lequel il serait alloué, jusqu'à décision définitive, l'augmentation ci-dessus demandée par les Pétitionnaires ?

La ville de Moissac se trouve actuellement dans une situation semblable à celle d'Agen. Sa Boulangerie, dont l'allocation pour manutention et bénéfice, n'était, comme ici, que d'un franc soixante-quinze centimes, vient de réclamer une augmentation. — La question va être jugée probablement au mois de novembre. — Cependant l'autorité municipale s'est empressée d'accorder, en attendant, une augmentation d'un centime par kilogramme de pain.

Un centime provisoire, à Moissac, simple chef-lieu d'arrondissement, ville moins importante qu'Agen, et privilégiée par ses moulins!

Il est bien entendu que l'augmentation que vous accorderez, Monsieur le Maire, ne préjugera rien. — Pour rassurer complètement votre religion, les Pétitionnaires, d'ailleurs certains du résultat, s'engagent, dès-à-présent et formellement, d'en tenir compte à tout événement.

Par là, il vous sera possible de ne rien précipiter. — Vous pourrez vous entourer des lumières de votre conseil municipal, dont vous aimez à prendre l'avis. — Et la décision qui interviendra sera ainsi marquée du sceau qu'imprime une discussion approfondie.

La Boulangerie de la ville d'Agen a parcouru tout le cadre qu'elle s'était tracé.

Elle a la conviction d'avoir fortement motivé toutes ses demandes.

Elle s'est attachée à les revêtir de cette extrême modération que l'on retrouve toujours du côté du bon droit.

Le succès lui paraît donc certain, inévitable.

Du reste, sa confiance en ses juges est complète. Défenseurs zélés de l'intérêt public, ils sauront reconnaître en même temps, sans hésiter, que toute une branche d'industrie et de commerce ne peut être sacrifiée.

Avec une révision conforme aux demandes des Pétitionnaires, la population aura le droit d'exiger du pain bien préparé. L'autorité sentira, de son côté, que désormais la fraude, si elle apparaît, sera une véritable fraude, et que toute la rigueur de la loi ne sera pas inopportune.

Avec cette révision, les améliorations de la panification, déjà si avancées, seront poussées jusqu'aux dernières limites.

C'est ainsi que le nouvel état de choses sera un véritable bienfait.

Afin de faciliter les rapports de l'autorité avec la Boulangerie sur toutes les questions pendantes, les Pétitionnaires ont nommé et nomment à l'unanimité, avec mission de les représenter spécialement auprès de vous, Monsieur le Maire, comme auprès du Conseil Municipal et de la Commission qui pourra y être instituée :

1° MM. les Syndic et Adjoints actuellement en fonctions ;

2° M. Delprat, *second.*

Veuillez recevoir l'hommage du plus profond respect, avec lequel les Pétitionnaires ont l'honneur d'être,

MONSIEUR LE MAIRE,

Vos très humbles et très obéissants serviteurs.

Berthoumieu, *syndic.*
Esparbès, Lafargue, Lasserre, Mouchet, *adjoints.*
Delprat second.

Suivent les autres Signatures.

Documents.

N.° 1.

MAIRIE D'AGEN.

ARRÊTÉ

Du Maire de la ville d'Agen,

Portant fixation d'un TARIF *pour la taxe du Pain*,

Du 16 août 1806.

LE MAIRE DE LA VILLE D'AGEN,

Vu la pétition des Boulangers de la ville d'Agen, tendant à obtenir une rectification dans le tarif de la taxe du pain, fixé par l'arrêté du 27 thermidor an 9;

Vu ledit arrêté, et après avoir pris l'avis de la commission du conseil municipal, composée de MM. Bory, président de la cour de justice criminelle; Canuet et Marcot, et nommée dans la séance du 9 mai dernier, pour examiner les réclamations des boulangers;

Après avoir également pris l'avis des adjoints;

Considérant que le tarif de 1651 a été fait d'après des bases justes, puisqu'il suppose qu'une livre de blé doit rendre une livre de pain, ce qui est le résultat des nouvelles expériences faites à Paris, sur la panification, et que le seul défaut qu'il présente est de donner aux Boulangers un bénéfice progressif trop faible lorsque le blé est à bas prix, et trop fort lorsqu'il est cher;

Considérant que l'administration municipale a voulu, dès l'année 1790, et par l'arrêté du 27 thermidor an 9, corriger ce défaut, en modifiant le tarif de 1651, lorsque le prix du blé dépassait 15 fr.; mais ce changement a le vice opposé de réduire à très peu de chose le bénéfice des Boulangers, lorsque le blé est très cher;

Considérant qu'il est plus juste d'assigner un bénéfice fixe au boulanger, par setier de blé, quel que soit son prix; et que ce bénéfice, en prenant en considération l'augmentation des salaires et du prix des matières nécessaires à la Boulangerie, ainsi que les indemnités qu'il était d'usage de leur accorder à raison de la sécheresse, nous a paru devoir être de 1 fr. 75 c. par setier, non compris les sons et purges;

Considérant que le setier de blé pèse 76 kilogrammes 125 -, et qu'il doit rendre le même poids en pain bis, et un cinquième de moins en pain blanc, ce qui donne 60 kilog. 9 d. pour base de la taxe:

ARRÊTE:

Art. 1er. Le tarif ci-joint, rédigé d'après les bases de celui de 1651, et modifié d'après les motifs ci-dessus exprimés, servira à déterminer la taxe du pain qui sera faite tous les quinze jours, le 1er et le 15 de chaque mois, d'après le prix moyen des mercuriales, conformément à notre arrêté du .....

Art. 2. Les Boulangers continueront à faire de deux sortes de pain désigné sous le nom de pain *blanc* et pain *bis*.

Art. 3. Le pain blanc sera du poids suivant:

Miches de deux hectogrammes et cinq décagrammes, appelées *Cadets*.

Miches de cinq hectogrammes, appelées *Choines* ou *Pistolets*.

Miches d'un kilogramme.

Miches de deux kilogrammes.

Miches de trois kilogrammes.

Art. 4. Le pain *bis* se vendra un cinquième de moins que le pain *blanc*, et sera du poids suivant:

Miches de cinq kilogrammes.

Miches de sept kilogrammes et cinq décagrammes.

Miches de dix kilogrammes.

Art. 5. Les Boulangers se conformeront au présent arrêté, aux peines prescrites par les lois. Celui du 27 thermidor an 9, précité, et tout autre contraire au présent, sont rapportés.

Art. 6. Le présent arrêté sera soumis à l'approbation de M. le Préfet, imprimé, publié et affiché.

TARIF.

PRIX DE L'HECTOLITRE OU SETIER DE BLÉ.		PRIX DU KILOGRAMME DE PAIN.	
francs.	cent.	francs.	cent.
10	00	//	19
10	43	//	20
11	03	//	21
11	64	//	22
12	25	//	23
12	86	//	24
13	47	//	25
14	08	//	26
14	69	//	27
15	30	//	28
15	91	//	29
16	52	//	30
17	13	//	31
17	74	//	32
18	35	//	33
18	96	//	34
19	57	//	35
20	18	//	36
20	78	//	37
21	39	//	38
22	00	//	39
22	61	//	40
23	22	//	41
23	83	//	42
24	44	//	43
25	05	//	44

Fait dans l'hôtel de la Mairie, à Agen, les jour, mois et an susdits.

Signés: MM. CANUET, MARCOT et BORY, *commissaires du Conseil municipal*; BORY fils, CHAUDORDY, *adjoints*; SEVIN aîné, *maire*.

Pour copie:
Le secrétaire en chef de la Mairie d'Agen,
ALLARD.

Vu et approuvé par nous Préfet du département de Lot-et-Garonne.—A Agen, le 20 octobre 1806.

Signé: Cphe VILLENEUVE.

Certifié conforme par nous Maire de la ville d'Agen.

Signé: LUGAT.

Documents.

N.° 2.

MAIRIE DE LA VILLE DE BORDEAUX.

ARRÊTÉ

Du Maire de la ville de Bordeaux,

Du 21 août 1840.

LE MAIRE DE LA VILLE DE BORDEAUX,

Vu l'art. 30 du titre 1er de la loi du 19-22 juillet 1791 ;

Vu le réglement organique de la Boulangerie de cette ville, en date du 22 août 1814 ;

Vu nos arrêtés des 23 octobre 1817 et 17 août 1832, relatifs à la taxe du pain ;

Vu la loi du 18 juillet 1837, sur les attributions des Maires ;

Vu le rapport d'une commission composée d'hommes spéciaux, et présidée par l'un de nos adjoints :

Considérant que, de toutes les mesures confiées à la vigilance et à l'autorité des Maires, il n'en est pas de plus importante que celle qui a pour objet la taxe du pain ;

Considérant que, à l'époque où l'on avait adopté le prix du froment pour base de la taxe du pain, la ville de Bordeaux ne possédait pas les fabriques de farine qui existent aujourd'hui ; que, ces fabriques procurant aux Boulangers la facilité de faire leur approvisionnement dans les diverses qualités de farines nécessaires à la panification, il n'y a plus qu'un très petit nombre d'entre eux qui achètent des froments ;

Considérant que la variation qui se rencontre d'une année à l'autre sur le poids de l'hectolitre de froment étant quelquefois considérable, et les bases de rendement étant fixes, le mode actuel cause alternativement un préjudice notable, soit au Boulanger, soit au consommateur ; que le même inconvénient ne peut exister sur un poids déterminé de farine de même qualité, dont le rendement en pain est peu variable d'une année à l'autre ;

Considérant que l'expérience a fait connaître qu'il s'écoule souvent une série te jours sans qu'il ne se fasse de vente de froment sur la place ; que, en outre, il arrive fréquemment qu'il n'existe pas de froment des trois qualités sur lesquelles s'établit la moyenne qui règle la taxe du pain ; qu'il résulte de ces deux circonstances que la mercuriale est souvent fictive, et que, par conséquent, l'administration se trouve mal renseignée ; qu'il n'en serait pas de même pour les farines, où la vente est journalière ;

Considérant que, par les motifs exprimés dans les trois paragraphes précédents, il y a lieu d'établir la taxe du pain sur le prix de la farine, ainsi que cela se pratique à Paris depuis 1823, et dans la plupart des principales villes de France ;

Considérant que, si les farines dites du Haut-Pays sont plus chères que celles de Bordeaux, elles produisent un peu plus de pain, et que, par contre, si les farines du Nord dont les arrivages sont plus rares sont moins chères, elles rendent moins de pain que celles de Bordeaux ; que par conséquent, pour faciliter l'établissement de la mercuriale, on peut sans inconvénient prendre pour base le prix de la farine provenant des fabriques de Bordeaux ;

Attendu qu'il résulte de l'épreuve faite en présence de la commission spéciale, ainsi que des autres documents qui sont parvenus à l'administration, qu'il y a lieu d'adopter pour terme moyen de rendement le chiffre de 32 p. $^0/_0$, soit 66 kilog. et ½ de pain pour 50 kilog. de farine cô première qualité ;

Attendu, en ce qui concerne le taux de l'indemnité pour frais de panification et bénéfice, que le chiffre de *cinq francs* par 50 kilog. de farine, proposé par la commission, paraît suffisamment motivé ;

Attendu que la variation de *deux centimes et demi* par kilog. de pain établie dans le réglement actuel est trop élevée, puisqu'elle exige une différence de 1 fr. 82 c. et ½ sur le prix d'un hectolitre de froment ; qu'il y a par conséquent utilité à réduire de moitié la variation de la taxe, c'est-à-dire à la fixer à 1 c. et ¼ par kilogr. de pain, de sorte qu'il y aura lieu à changement dans la taxe lorsqu'il y aura dans le prix des 50 kilogr. de farine une variation de 83 c., chiffre égal, à peu de chose près, au produit de 66 kilogr. et ½ de pain à raison de 1 c. et ¼ ;

Attendu que les expériences opérées par la commission ont fait reconnaître qu'il était juste de maintenir la différence de 5 c. par kilogr., qui est établie depuis long-temps entre le pain de première qualité et celui du pain intermédiaire ou de deuxième qualité ;

Attendu qu'avec la différence de 15 c. par kilogr. existant aujourd'hui entre le prix du pain de troisième qualité, dit *pain bis*, et celui de première qualité, les Boulangers ne peuvent employer que des matières trop inférieures, ce qui produit un pain de mauvaise qualité, que les classes pauvres ont été forcées d'abandonner pour adopter l'usage plus dispendieux du pain intermédiaire ; qu'ainsi, c'est procurer à la classe la plus nécessiteuse une économie réelle que de réduire à *dix centimes*, comme à d'autres époques, la différence entre le pain cô et le pain bis, puisque cela permettra d'exiger des Boulangers un pain de meilleure qualité, dont la consommation deviendra plus générale.

ARRÊTE :

Art. 1er. A compter du 15 novembre prochain, la taxe du pain aura pour base le prix de la farine cô première qualité, provenant des fabriques de Bordeaux

Art. 2. La taxe sera révisée le 1er et le 16 de chaque mois, et sera établie sur la moyenne du prix de la farine pendant la quinzaine précédente.

Art. 3. Le rendement est fixé à 33 p. $^0/_0$, soit 66 kilogr. et ½ de pain de première qualité, pour 50 kilogr. de farine cô première qualité.

Art. 4. Il sera alloué aux Boulangers une indemnité de 5 fr. par 50 kilogr. de farine, pour frais de panification et bénéfice.

Art 5. Les petits pains dits *choines* étant considérés comme pains de luxe, sont affranchis de la taxe. Il en sera de même pour le pain de première qualité du poids de 1 kilogr.

La différence entre le prix du pain de première qualité, dit *pain cô*, et celui de deuxième qualité, dit *pain intermédiaire*, sera de 5 cent. par kilogramme.

La différence entre le prix du pain de première qualité et celui de troisième qualité, dit *pain bis*, sera de 10 cent. par kilogramme

Art. 6. La forme des pains est facultative.

Les seuls volumes autorisés sont :

Pour le choine. 125, 250 et 500 gram.

Pour le pain cò, ou 1re qualité. 1, 2 3 et 5 kilogr.

Pour le pain de 2e et 3e qualité. 2. 3. 5 et 10 kilogr.

Art. 7. Le pain du jour (taxé ou non) devra avoir exactement le poids requis, à l'exception des choines de 125 et 250 gram., qui sont dispensés de la vérification du poids à cause de leur petit volume.

Après vingt-quatre heures, il sera alloué une tolérance sur le poids, savoir :

Pour un pain de	10 kilogr..	120 gram.	
Idem	de 5	id.	85 id.
Idem	de 3	id.	50 id.
Idem	de 2	id.	45 id.
Idem	de 1	id.	35 id.
Idem	de 500	gram.	25 id.

Art. 8. Les dispositions des art. 32, 33, 34, 35 et 36 du réglement du 22 août 1814, concernant la marque des pains cò, intermédiaire et bis, sont rendues applicables aux pains de forme allongée, et devront être rigoureusement observées

Chaque qualité devra en outre être étampée d'un chiffre différent. Le pain cò portera le no 1, le pain intermédiaire le no 2, et le pain bis le no 3.

Art. 9. Les contrevenants aux articles précédents seront poursuivis devant les tribunaux, soit sur les procès-verbaux des agents de l'administration, soit sur la plainte de la partie lésée.

Art. 10. Nos arrêtés antérieurs continueront à avoir leur effet en tout ce qui n'est pas contraire aux dispositions du présent arrêté

Art. 11. Le tableau ci-annexé, dressé en conformité des articles ci-dessus, servira de règle pour l'établissement de la taxe des diverses qualités de pain.

Art. 12. Le présent arrêté sera soumis à l'approbation de M. le préfet.

Fait et arrêté à Bordeaux, en l'Hôtel-de-Ville, les jour, mois et an que dessus.

Le Maire, D. JOHNSTON

Suit le Tableau regulateur de la Taxe

ARATIF

de la ville d'Agen, en 1806 *et* 1843,
nnuelle de 1095 *hectolitres de blé.*

TUATION de 1843.—Prix moyen du Blé : 20 fr. l'hectolitre.

§ 1er — DÉPENSE.

I. — MISE DE FONDS, INTÉRÊTS.

Achat d'un matériel		1,500	4,500	
Approvisionnement de Blé, Farine, Bois et Sel.		1,500		
Avances en crédit		1,500		
Intérêt à 5 % de ces 4,500 fr. de mise de fonds				225

II. — FRAIS GÉNÉRAUX D'EXPLOITATION ET DE FABRICATION.

Pertes et non-recouvrements	» »	250 »		
Détérioration et entretien du matériel et du four	» »	200 »		
Patente	» »	30 »		
Location d'une boulangerie et d'une décharge	» »	600 »		
Mise en magasin et transport de 1,095 hect. de blé.	» »	» »		
Epurage au crible et au ventilateur de 1,095 hect. de blé	» »	» »		
Mouture de 1,095 hect. de blé, à 75 c. l'un	» 75	821 25		4,059 25
Frais extraordinaires de transport à Aiguillon et retour à Agen de 135 hect., en moyenne annuelle, à 1 fr. 25 c. l'un	1 25	168 75		
Bluttage de 1,095 hect. de blé	» »	» »		
Sel. 1,916 demi-kilog. ¼ à 30 f. les 150 demi-k.	30 »	383 25		
Chauffage. 4562 fagots ½, gros bois de chêne, à 20 fr. le cent	20 »	912 50		
Ouvrier. Nourriture et salaire, à 1 fr. 90 par jour.	1 90	693 50		
Eclairage de la boulangerie et de l'atelier	» »	» »		

III. — ACHATS DE BLÉ.

Blé (achats de) 1,095 hect., au prix moyen de 20 fr. l'un	20 »	» »		21,900 »
Total de la Dépense		» »		26,184 25

§ 2e — RECETTE.

Pain. Valeur de 1,095 hect. blé, à 21 fr. 75 l'un, moins 0 f. 30 c. pour 15 demi-kilog. pain de 3e qualité par hect., soit à 21 fr. 45 c.	21 45	23,487 75		
Sons et purges. 35,400 demi-kilog., à raison de 32 demi-kilog. par hectolitre, et de 5 fr. les 100 demi-kilog.	5 »	1,752 »		
Charbon. Les ²/₅ de la valeur du bois. (art. 11 Dépense.)	» »	365 »		
Total de la Recette		25,604 75		25,604 75

§ 3e — RÉSULTATS.

férence de la Dépense à la Recette : perte réelle et annuelle, en 1843, de		579 50
Somme totale des opérations de 1843 (Dépense)	26,184 25	

pe

cel
plu
tou
Pai
Pair
3
duis
Pain
rédu
de 3(

PROJET D'ÉCHELLE

POUR L'APPLICATION DE LA TAXE

DU PAIN DE 2me QUALITÉ,

avec une augmentation de 2 c. 1/2 par kilogr., ou avec une allocation de 3 fr. 65 c. 1/10 par hect.				avec une augmentation de 2 c. par kilogr., ou avec une allocation de 3 fr. 27 c. 1/2 par hect.
PRIX-COURANT DU BLÉ.		TAXE.		PRIX-COURANT DU BLÉ.
11 58		20		11 75
12 34		21		12 52
13 10		22		13 30
13 86		23		14 16
14 62		24		14 93
15 38		25		15 70
16 14		26		16 47
16 90		27		17 24
17 66		28		18 01
18 42		29		18 78
19 18		30		19 55
19 94		31		20 32
20 70		32		21 09
21 46		33		21 86
22 22		34		22 63
22 98		35		23 40
23 78		36		24 17
24 50		37		24 94
25 26		38		25 65

Cette échelle de Taxe pour le Pain de 2me qualité peut servir aussi pour le Pain de 1re et 3me qualités,

COMME SUIT :

1re *Qualité.* — Le Pain de 2me qualité valant les 4/5 de celui de la 1re, et ce dernier valant, par suite, 1/4 de plus que le Pain intermédiaire, la Taxe se trouverait toute faite en ajoutant, quelque fût le cours, pour le Pain blanc, 1/4 en sus de la Taxe, par kilogramme de Pain de 2me qualité.

3me *Qualité.* — Sa Taxe serait aussi toute faite en réduisant, dans tous les cas, la Taxe du kilogramme de Pain de 2me qualité de 0 fr. 04 c. par kilogramme. Cette réduction abaisserait les 15 demi-kilogr. de Pain de 3me de 30 c., relativement au Pain de 2me.

ÉTAT COMPARATIF

De la situation commerciale de la Boulangerie de la ville d'Agen, en 1806 et 1843,
Basée sur une fabrication moyenne et annuelle de 1095 hectolitres de blé.

SITUATION DE 1806. — Prix moyen du Blé : 15 fr. l'hectolitre.

§ 1er — DÉPENSE.

I. — MISE DE FONDS, INTÉRÊTS.

Article	Prix	Montant	Sommes
1° Achat d'un matériel	1,000		
Approvisionnement de Blé, Farine, Bois et Sel	1,000	2,500	
Avances en crédit	500		
Intérêts à 5 % de ces 2,500 fr. de mise de fonds			125 »
II. — FRAIS GÉNÉRAUX D'EXPLOITATION ET DE FABRICATION.			
2° *Pertes et non-recouvrements*	» »	50 »	
3° *Détérioration et entretien* du matériel et du four	» »	150 »	
4° *Patente*	» »	20 »	
5° *Location* d'une boulangerie et d'une décharge	» »	300 »	
6° *Mise en magasin et transport* de 1,095 hect. de blé	» »	» »	
7° *Epurage* au crible et au ventilateur de 1,095 hect. de blé	» »	» »	
8° *Mouture* de 1,095 hect. de blé, à 75 c. l'un	» 75	821 25	2,516 50
9° *Frais extraordinaires de transport* à Aiguillon et retour à Agen de 135 hect., en moyenne annuelle, à 1 fr. l'un	1 »	135 »	
10° *Blutage* de 1,095 hect. de blé	» »	» »	
11° *Sel.* 1,916 demi-kilog. 1/2 à 10 f. les 150 demi-k.	10 »	127 75	
12° *Chauffage.* 4,562 fagots 1/2, gros bois de chêne, à 12 fr. le cent	12 »	547 50	
13° *Ouvrier. Nourriture et salaire* à 1 fr. par jour	1 »	365 »	
14° *Eclairage* de la boulangerie et de l'atelier	» »	» »	
III. — ACHATS DE BLÉ.			
15° *Blé* (achats de) 1,095 hect., au prix moyen de 15 fr. l'un	15 »	» »	16,425 »
Total de la Dépense		» »	19,086 50

§ 2e — RECETTE.

Article	Prix	Montant	Sommes
1° *Pain.* 1,095 hect. blé, à 16 fr. 75 c. l'un (montant du prix d'achat et de l'allocation)	16 75	18,341 25	
2° *Sons et Purges.* 35,400 demi-kilog., à raison de 32 demi-kilog. par hect., et de 3 fr. 50 c. les 100 demi-kilog.	3 50	1,226 40	
3° *Charbon.* Les 2/3 de la valeur du bois. (art. 14 Dépense.)	» »	219 »	
Total de la Recette		19,786 65	19,786 65

§ 3e — RÉSULTATS.

Article		Montant	Sommes
Différence de la Recette à la Dépense : bénéfice annuel et réel, en 1806, de			720 15
Somme totale des opérations en 1806 (Recette)		19,786 65	

SITUATION DE 1843. — Prix moyen du Blé : 20 fr. l'hectolitre.

§ 1er — DÉPENSE.

I. — MISE DE FONDS, INTÉRÊTS.

Article	Prix	Montant	Sommes
1° Achat d'un matériel	1,500		
Approvisionnement de Blé, Farine, Bois et Sel	1,500	4,500	
Avances en crédit	1,500		
Intérêt à 5 % de ces 4,500 fr. de mise de fonds			225
II. — FRAIS GÉNÉRAUX D'EXPLOITATION ET DE FABRICATION.			
2° *Pertes et non-recouvrements*	» »	250 »	
3° *Détérioration et entretien* du matériel et du four	» »	200 »	
4° *Patente*	» »	30 »	
5° *Location* d'une boulangerie et d'une décharge	» »	600 »	
6° *Mise en magasin et transport* de 1,095 hect. de blé	» »	» »	
7° *Epurage* au crible et au ventilateur de 1,095 hect. de blé	» »	» »	
8° *Mouture* de 1,095 hect. de blé, à 75 c. l'un	» 75	821 25	4,050 25
9° *Frais extraordinaires de transport* à Aiguillon et retour à Agen de 135 hect., en moyenne annuelle, à 1 fr. 25 c. l'un	1 25	168 75	
10° *Blutage* de 1,095 hect. de blé	» »	» »	
11° *Sel.* 1,916 demi-kilog. 1/2 à 30 f. les 150 demi-k.	30 »	383 25	
12° *Chauffage.* 4562 fagots 1/2, gros bois de chêne, à 20 fr. le cent	20 »	912 50	
13° *Ouvrier. Nourriture et salaire*, à 1 fr. 90 par jour	1 90	693 50	
14° *Eclairage* de la boulangerie et de l'atelier	» »	» »	
III. — ACHATS DE BLÉ.			
15° *Blé* (achats de) 1,095 hect., au prix moyen de 20 fr. l'un	20 »	» »	21,900 »
Total de la Dépense		» »	26,184 25

§ 2e — RECETTE.

Article	Prix	Montant	Sommes
1° *Pain.* Valeur de 1,095 hect. blé, à 21 fr. 75 l'un, moins 0 f. 30 c. pour 15 demi-kilog. pain de 3e qualité par hect., soit à 21 fr. 45 c.	21 45	23,487 75	
2° *Sons et purges.* 35,400 demi-kilog., à raison de 32 demi-kilog. par hectolitre, et de 5 fr. les 100 demi-kilog.	5 »	1,752 »	
3° *Charbon.* Les 2/3 de la valeur du bois. (art. 11 Dépense.)	» »	365 »	
Total de la Recette		25,604 75	25,604 75

§ 3e — RÉSULTATS.

Article		Montant	Sommes
Différence de la Dépense à la Recette : perte réelle et annuelle, en 1843, de			579 50
Somme totale des opérations de 1843 (Dépense)		26,184 25